CAPTITULO 1:
EDUCACIÓN FINANCIERA

COPYRIGHT: Víctor Manuel Ollés Compés

ISBN 978-1986826402

MADRID, 2018

Contenido

1. INTRODUCCIÓN. MACROECONOMÍA Y MICROECONOMÍA 3
2. DATOS MACRO. CONCEPTOS ECONÓMICOS Y FINANCIEROS BÁSICOS 6

1. INTRODUCCIÓN. MACROECONOMÍA Y MICROECONOMÍA

El objetivo principal de Educación Financiera es el de proporcionar una visión global de los principales mecanismos de los mercados en los que se mueven nuestras empresas así como comprender los conceptos contables y financieros básicos de éstas. Con este objetivo en mente el curso se divide en dos grandes bloques, uno, el macroeconómico, en el que analizaremos los principales indicadores y conceptos que afectan directamente a la vida económica de los mercados y dos, el microeconómico en el que nos centraremos únicamente en la empresa y en los conceptos financieros más usados para medir su rendimiento y situación patrimonial. Lógicamente tanto la empresa como los particulares no somos ajenos a las grandes variables macroeconómicas ni a la situación y funcionamiento de los mercados por lo que macro y microeconomía están íntimamente relacionadas.

Desgraciadamente es imposible abarcar con el detalle que me gustaría todo el programa del módulo debido a su corta duración. Además, tratándose de un módulo pensado para aquellos que no han tenido una formación específica en finanzas o contabilidad, algunos de los conceptos tendrán que ser necesariamente simplificados. No obstante, intentaré abarcar los aspectos más importantes para que podamos familiarizarnos con conceptos que son de uso común en todas las empresas. No olvidemos que, al igual que la situación de los mercados internacionales puede afectar, por ejemplo, a mi capacidad para cambiar de coche o para acceder a una vivienda, de igual manera los distintos departamentos y funciones de una empresa están siempre interrelacionados por lo que las decisiones que se tomen sobre cómo gestionar un almacén, o sobre cómo hacer el transporte del producto terminado al cliente tienen un impacto económico y financiero en la empresa que hay que comprender para así tomar la mejor decisión.

A lo largo de estos ebooks utilizaré, siempre que sea posible, la terminología española para referirnos a cada uno de los conceptos que vamos a estudiar. Adicionalmente aprovecharemos para introducir también la denominación en inglés de esos mismos conceptos puesto que, en muchas ocasiones, en el día a día de nuestras empresas, se utilizan más los términos anglosajones que los españoles. En el contexto actual de globalización creciente de los mercados y de expansión internacional de las empresas españolas, el dominio de estos términos en ambas lenguas es imprescindible.

De todo lo anterior ya podemos deducir dos conceptos básicos en economía:

1.1. MACROECONOMÍA

Es la parte de la economía que estudia los fenómenos que afectan al nivel de vida de una sociedad como por ejemplo la demanda y la oferta de bienes y servicios, la evolución de los precios o los tipos de interés.

1.2. MICROECONOMÍA

Es la parte de la economía que analiza los comportamientos de los diferentes AGENTES ECONÓMICOS, como por ejemplo de las empresas o los consumidores.

2. DATOS MACRO. CONCEPTOS ECONÓMICOS Y FINANCIEROS BÁSICOS

Vamos a analizar a continuación algunos de los grandes indicadores macroeconómicos intentando centrar nuestra atención en aquellos que tienen una mayor influencia en nuestras empresas y mercados.

2.1. INFLACIÓN

Conceptos como inflación o su contrario, deflación, están relacionados con el nivel de los precios de los bienes y servicios en una economía. Entendemos por inflación el aumento experimentado por los precios a lo largo de un periodo de tiempo y por deflación la disminución de ese mismo nivel de precios. En este sentido decir que "la inflación ha subido o ha bajado" no es correcto puesto que lo que sube o baja es el nivel de los precios y, eso es, precisamente, lo que llamamos inflación o deflación.

2.2. IPC

Otro concepto que está íntimamente relacionado con la inflación es el del Índice de Precios al Consumo, más conocido como IPC o, en inglés CPI (Consumer Price Index). Pero, ¿es lo mismo la inflación que el IPC? La respuesta es que, aún teniendo una gran relación, IPC e inflación no son sinónimos. De hecho, la subida de precios se puede medir utilizando distintos índices y el IPC no deja de ser uno de ellos, si bien es probablemente el más popular de todos.

Para entender lo anterior basta con pensar en un ejemplo que seguramente todos hemos presenciado alguna vez. Me refiero a aquéllos comentarios que podemos oír en televisión de vez en cuando sobre la poca credibilidad del IPC publicado por el gobierno cuando todos estamos viendo cuánto ha subido el precio de las viviendas en los últimos años. ¿Cómo nos pueden decir que el IPC ha subido el 3 % cuando las casas han duplicado o triplicado su precio? La respuesta está en que el IPC mide, mediante muestras estadísticas mensuales, el nivel de precios de determinados bienes y servicios que se considera que forman parte del consumo habitual de los ciudadanos. Es decir, mide el nivel de precios de una CESTA DE PRODUCTOS Y SERVICIOS DE CONSUMO, pero, no necesariamente, de todo aquello en que los ciudadanos nos gastamos el dinero. En la mayoría de los IPC's que se publican en el mundo el precio de la vivienda no está incluido en la cesta de productos por no considerarse, con o sin razón, un producto de consumo.

De hecho, no todos los IPC's miden exactamente igual el nivel de precios al consumo. Un ejemplo: el IPC que se publicaba hasta hace muy poco en el Reino Unido sí que tenía en cuenta el precio de la vivienda y, sólo muy recientemente, se ha excluido para hacerlo comparable con los IPC's publicados en el continente. Esto nos lleva a un concepto que se ha empezado a utilizar en Europa recientemente que es el de IPC armonizado. Este IPC armonizado es precisamente la respuesta que dio la Unión Europea (UE) al problema de cómo medía cada país la evolución del nivel de sus precios y a la necesidad de que, en el entorno de una economía cada vez más integrada, esos índices pudieran ser comparados entre los diferentes países y consolidados luego en un único índice de evolución de precios europeo. De ahí surgió el índice de precios al consumo armonizado que nos asegura que todos los miembros de la UE están diciendo lo mismo cuando hablan de IPC. El IPC se publica mensualmente y, normalmente, en el caso español, la diferencia entre el índice armonizado y el nacional es muy pequeña.

2.3. IPC SUBYACENTE

Otro concepto interesante es el del IPC subyacente. Este índice es igual que el IPC sólo que, de entre la cesta de productos que se analiza, se eliminan dos: la energía y los alimentos no elaborados. El motivo por el que se hace esto es porque tanto la energía como los alimentos no elaborados tienen tradicionalmente una alta volatilidad lo que puede distorsionar a corto plazo la verdadera tendencia de fondo de la evolución del IPC.

El IPC es una de las variables más importantes para las empresas porque muchos convenios están ligados a este índice y tiene por tanto un impacto directo en los costes salariales. También es importante para los departamentos de compras puesto que hay muchos contratos que vinculan sus precios al IPC.

Habitualmente los datos de inflación que se utilizan hacen referencia a la inflación interanual que es la de los 12 últimos meses.

Adicionalmente existen otros indicadores del nivel de precios entre los que destacamos por su importancia el Índice de Precios Industriales. También existen índices de precios que permiten seguir la evolución de las materias primas, energía etc. y que serán de especial importancia para los sectores relacionados.

En España el organismo encargado de realizar y publicar estos índices es el Instituto Nacional de Estadística (www.ine.es)

2.4. PRODUCTO INTERIOR BRUTO (PIB)

El Producto Interior Bruto (PIB) es uno de los indicadores más usados para medir la capacidad productiva y la riqueza generada por un país. Podemos decir que el PIB es la suma del valor monetario de todos los bienes y servicios finales producidos en un país o región a lo largo de un periodo de tiempo determinado (normalmente 1 año o un trimestre).

Desde una perspectiva del gasto podemos calcular el PIB mediante la siguiente fórmula:

$$PIB = C + I + GP + X - M$$

En donde:

"C" = consumo final privado o de las economías domésticas.

"I" = Inversiones de las empresas o Formación Bruta de Capital.

"GP"=Gasto público.

X= Exportaciones

M= Importaciones

Hay que distinguir entre el PIB nominal y el PIB real. El primero es el valor de todos los bienes y servicios producidos a precios corrientes, es decir con los precios del periodo de análisis. Sin embargo, si la inflación fuera muy alta y quisiéramos comparar el PIB de un periodo con el del periodo precedente deberíamos de utilizar el PIB real, es decir aquel en el que se ha eliminado el efecto de la inflación para evitar que la simple subida de precios pueda dar la impresión de un aumento de la producción nacional. Esa operación de ajuste del PIB nominal se denomina deflactación.

Hemos dicho que el PIB se utiliza muchas veces, aunque no de manera totalmente correcta, como la medida de la riqueza de un país. Sin embargo, el PIB es una medida absoluta por lo que es normal que naciones que podamos considerar menos ricas que otras, como puedan ser China o la India, tengan un PIB superior al de otros países más pequeños pero más desarrollados como pueda ser Suiza. Para corregir ese efecto se utiliza el PIB per cápita que es más conocido como Renta per cápita y que es el resultado de dividir el PIB por la población. En este caso la lista de países con mayor renta per cápita del mundo la suelen encabezar países que reúnen a la vez dos condiciones: un PIB elevado y una población pequeña.

Cuando se habla del crecimiento que una economía va a experimentar normalmente se está haciendo referencia al crecimiento del PIB. También puede ocurrir que una economía vea reducida su producción de bienes y servicios de un periodo a otro. Se habla entonces de recesión. Técnicamente se considera que una economía ha entrado en recesión cuando encadena al menos dos trimestres seguidos de crecimiento negativo.

Al PIB en inglés se le denomina GDP (Gross Domestic Product) y es una de las variables que tienen en cuenta las empresas a la hora de hacer sus presupuestos y estimaciones de crecimiento para el futuro.

2.5. EMPLEO

Tan importante para la actividad productiva es contar con una adecuada financiación y con unos buenos recursos naturales como con mano de obra disponible y cualificada. Los indicadores que nos permiten conocer la situación de esa mano de obra en un país son, por eso, muy importantes para determinar la riqueza del mismo y su capacidad de crecimiento futuro.

El indicador más conocido es el de la tasa de paro o de desempleo que expresa, en porcentaje, el número de desempleados sobre el total de la población activa. Conviene aquí explicar que esta tasa no se calcula por lo tanto sobre el total de la población de un país, sino que se excluyen a aquellos colectivos que se consideran población inactiva. Dentro de estos últimos se incluirían por ejemplo a las personas que no están en edad de trabajar (niños, jubilados), a las "amas/os de casa", palabra que no me gusta nada pero que se encuentra muy enraizada, o a aquéllos que no desean trabajar.

La medición de la tasa de paro siempre ha generado cierta polémica por ser un tema especialmente sensible desde el punto de vista político y social. Una de las formas tradicionales de medir el desempleo es a través de la tasa de paro registrado en la que se tiene en cuenta al número total de parados inscritos en el registro del paro. Sin embargo, la forma más aceptada de calcular la tasa de desempleo es a través de la llamada Encuesta de Población Activa (EPA) mediante la que se clasifica a la población en tres categorías: ocupada, desempleada, inactiva. La suma de las dos primeras es lo que se denomina población activa.

Normalmente un crecimiento fuerte del PIB debería venir acompañado de un crecimiento del empleo. Conviene no obstante tener en cuenta que no todas las economías son igual de productivas y que algunas necesitan crecimientos del PIB más fuertes que otras para poder generar el mismo nivel de empleo. En el caso español, la experiencia confirma que la tasa de empleo aumenta con crecimientos del PIB superiores al 3%, aunque debido a reformas estructurales del mercado de trabajo, se está comprobando que es posible dicho crecimiento con un porcentaje inferior.

Finalmente aludiremos aquí al término pleno empleo que, al contrario de lo que podríamos pensar, suele aludir a un nivel de desempleo de entre el 3% y el 4%. Esto es así porque se considera que siempre hay un número de personas que pueden estar en proceso de cambio de trabajo o que, estando registradas en el paro, no desean trabajar.

2.6. TIPOS DE INTERÉS

Decimos coloquialmente que "el tiempo es dinero". También hemos visto cómo uno de los factores necesarios para la producción es el capital y cómo el beneficio o la recompensa de ese capital es el interés. El interés es, por tanto, el importe monetario que recibimos por prestar una cantidad de dinero durante un tiempo determinado. O, visto desde el otro lado de la barrera, el importe que tenemos que pagar por tomar prestado ese mismo dinero.

El tipo de interés (interest rate) se expresa normalmente en porcentaje. De esta manera si por un préstamo de 1.000 euros tengo que pagar un 5 % de interés anual eso quiere decir que tendré que pagar 50 euros = (5 x 1.000) / 100. Un punto porcentual es igual a 100 puntos básicos. A los

puntos básicos se les conoce coloquialmente en el mercado como "pipos". Así 20 puntos básicos
= 0,2 %.

Para poder medir el coste de un crédito (o la rentabilidad de un depósito) se suelen utilizar dos conceptos: la Tasa de Interés Nominal (**TIN**) y la **Tasa de Interés Efectiva**.

La TIN es el porcentaje aplicado en un periodo de tiempo cuando los intereses se pagan al final de dicho periodo. Es decir, se trata de intereses simples. Así por ejemplo si la TIN es del 12 % anual eso quiere decir que cobraré un 12 % sobre el depósito inicial en un solo pago al final de un periodo de un año. Sin embargo, si el tipo de interés nominal fuera del 12 % pero se pagara mensualmente eso querría decir que cada mes cobraría un 1 % sobre el capital inicial más los intereses que se fueran acumulando mes a mes. Como se puede comprender fácilmente en este segundo caso cobraría más por mi depósito.

Cuando hablamos de intereses tenemos que tener cuidado y no olvidar el factor tiempo. Esto es especialmente importante cuando analizamos las ofertas de determinados bancos para que les coloquemos nuestros ahorros en depósitos súper rentables o cuando un proveedor nos pide un descuento por pronto pago. Cuando expresamos el tipo de interés normalmente nos estamos refiriendo a un tipo de interés anual, es decir, al importe que el depósito generará a lo largo de un año. Si todo el interés generado lo cobro al final del año diré que estoy hablando de un tipo de interés nominal (TIN) anual. Sin embargo, muchas veces nos hacen ofertas muy atractivas que nos hablan, por ejemplo, de remuneraciones del 12 % durante el primer mes del depósito. Podríamos así entender que por mis 1.000 euros del ejemplo anterior me van a remunerar 120 euros en un mes y que luego me puedo llevar mi dinero a otro sitio. Nada más lejos de la realidad. Lo que de verdad me están diciendo es que la remuneración de mi depósito es del 12 % anual lo que quiere decir que, como sólo deposito el dinero durante un mes, me corresponderá una remuneración del 1 %, es decir de 10 euros. En este caso la oferta no está nada mal si lo comparo con lo que obtendría por un depósito al 5 % (poco más de 4 euros) pero está muy lejos de los 120 que yo me había imaginado.

Para evitar situaciones poco claras, como la anteriormente descrita, y poder comparar el coste, o la rentabilidad, de un préstamo, o depósito, se utiliza el concepto de **Tasa Anual Equivalente** (TAE) que sirve expresar de manera normalizada el coste real de un préstamo (o la remuneración de un depósito) con independencia de los periodos de pago.

2.7. PRECIO DEL DINERO

En el apartado anterior hemos visto cómo se define la TIN y la TAE pero, ¿cómo se forman los tipos de interés que al final pagamos por nuestros préstamos y qué variables intervienen en ellos?

Controlar e influir en la cantidad de dinero que circula en un momento dado en una economía y en el precio que ese dinero va a tener en el mercado es la función básica de la Política Monetaria. Tradicionalmente estas políticas se ejecutan a través de los Bancos Centrales de cada país. En el caso de España las decisiones básicas de Política Monetaria las toma, desde la entrada en funcionamiento del euro, en el año 1999, el Banco Central Europeo (BCE).

El BCE es una de las instituciones más importantes de la Unión Europea, tiene su sede en Fráncfort y fue fundado en junio de 1998. Su actual Presidente es Mario Draghi y en su Consejo de Gobierno se sientan los Presidentes de los Bancos Centrales de los países de la zona euro. Los objetivos del BCE son mantener el poder adquisitivo del euro y el nivel de precios en los países de la zona.

En otros países existen organismos semejantes entre los que destacamos la Reserva Federal de los Estados Unidos (FED) o el Banco de Inglaterra (BoE) que son las instituciones encargadas de elaborar y ejecutar la política monetaria del dólar americano (USD) o de la libra esterlina (GBP). Las funciones de estas instituciones pueden no ser exactamente las mismas que las del BCE pero, en esencia, son también responsables de fijar lo que normalmente conocemos como Precio Oficial del Dinero. Este es el precio al que los bancos centrales prestan dinero a los grandes bancos comerciales de su área de influencia. Así cuando la economía crece mucho pueden existir riesgos inflacionistas y los bancos centrales pueden intentar mitigarlos subiendo sus tipos de intervención (precio oficial del dinero) lo que deberá de traer como consecuencia una menor solicitud de créditos y por tanto de dinero disponible en el mercado. Esto a su vez frenará la demanda de bienes y servicios y evitará un excesivo crecimiento se traduzca en una alta inflación. Al contrario, si la economía crece poco, y no hay riesgos inflacionistas, el banco central podrá rebajar el precio del dinero de manera que se facilite la actividad crediticia y se pueda mejorar el crecimiento.

El precio oficial es el que sirve de base para el siguiente escalón en la formación del tipo de interés al que un particular o una empresa van a tener que contratar su crédito. Estamos hablando, en el caso del euro, del Euribor. Las siglas Euribor responden a la expresión inglesa Euro Interbank Offered Rate, es decir es el precio al que los bancos se prestan euros entre sí. Porque, al igual que los grandes bancos privados comerciales acuden a sus respectivos bancos centrales para financiarse, existe después un mercado en el que esas mismas entidades se prestan el dinero entre sí a distintos plazos (1 día, 1 semana, 1 mes, 1 año etc.). Cuando hablamos de plazos de un día el índice de referencia que se utiliza en Europa es el EONIA (Euro Overnight Index Average). Para plazos superiores al día se utiliza el Euribor. Lógicamente el Euribor es más alto que el precio oficial fijado por el banco central puesto que el banco prestamista también quiere ganar algo por su dinero. El Euribor a los distintos plazos se calcula todos los días mediante muestras estadísticas y se publica de manera que no quede duda de cuál es el valor aplicable en cada momento. Esto es así porque muchos de los contratos de préstamo o depósito que van a hacer después los bancos con sus clientes están referenciados al Euribor. Para mayor información podemos acudir a la web: http://www.euribor-ebf.eu/.

Y eso nos lleva a los últimos escalones del precio del dinero: los préstamos a particulares o empresas. Una vez que los bancos han obtenido su financiación la utilizarán para su función básica que es prestar dinero. Es importante entender que el coste de la financiación para un banco no es igual al Euribor puesto que el banco tiene además otras vías de conseguir fondos. Por ejemplo, recibiendo dinero de sus clientes, dinero que está depositado en una cuenta corriente o en una cuenta a plazo. O emitiendo bonos o acciones. Por eso cada banco tiene un coste medio de los fondos de que dispone diferente.

Finalmente, el tipo de interés que el cliente final va a pagar por un préstamo dependerá, no sólo de nivel del Euribor que exista en ese momento, sino también de otras variables no menos importantes como son:

- Del nivel de riesgo que el banco otorgue al cliente. A más riesgo más coste del préstamo.

- Del plazo al que se vaya a devolver el préstamo (más plazo = más riesgo).

- De la utilidad que se le vaya a dar al préstamo (un préstamo al consumo será normalmente más caro que un préstamo para una inversión productiva).

- De las garantías adicionales que tenga el banco para recuperar su dinero en caso de problemas (un préstamo con una garantía hipotecaria o con un aval de alguien solvente será más barato que un préstamo sin ninguna garantía)

Además, es habitual que en los préstamos que los bancos conceden a las empresas se incluyan cláusulas que obliguen a la empresa a mantener ciertos indicadores económicos y financieros dentro de unos límites concretos. Es lo que se denomina "covenants". Un ejemplo típico es pedir que la deuda neta de la empresa no supere un número determinado de veces el EBITDA que genera.

Los préstamos se pueden conseguir a tipo fijo (no cambia a lo largo de la vida del préstamo) o a tipo variable (cada cierto tiempo se actualiza el tipo al alza o a la baja). Cuando se hace a tipo variable la referencia más común es el Euribor a 3, 6 meses o a un año. En ese caso se pacta un tipo final que es igual al Euribor más un diferencial o spread. Por ejemplo, una hipoteca a Euribor a 1 año más un diferencial del 2 %.

También existen instrumentos financieros en el mercado que nos permiten transformar en cualquier momento un tipo fijo en variable o al revés. Se trata de contratos de swap de tipos de interés. Swap es una palabra inglesa que significa intercambio, en este caso, intercambio de tipo fijo por variable o viceversa.

2.8. LA DEUDA PÚBLICA

La deuda pública o deuda soberana se entiende al conjunto de débitos que mantiene un Estado frente a los particulares u otro país. Constituye una forma de obtener recursos financieros por el Estado o cualquier poder público materializada normalmente mediante emisiones de títulos de valores o bonos.

Es uno de los tres medios que dispone el sector público para financiar sus actividades. Los otros dos consistirían en los impuestos y en la creación del dinero, éste último no viable dentro de la Unión Monetaria.

Cuando se habla de deuda pública también es necesario especificar a qué concepto nos referimos, ya que el dato de la deuda pública varía en función de cuál apliquemos. Es bastante común utilizar el concepto de Deuda pública elaborada según el Protocolo de Déficit Excesivo "PDE" que, a diferencia del concepto de Deuda pública consolidada total, no incluye la llamada deuda comercial. Ambos dejan de contabilizar los títulos de deuda de las Administraciones Publicas en poder de otras Administraciones, los créditos comerciales y otras cuentas pendientes de pago, partidas que sí forman parte del total de Pasivos (o títulos de deuda) en circulación de Administraciones Públicas. A nivel europeo es común mostrar la deuda según el Protocolo de Déficit Excesivo "PDE".

La deuda pública directa no es lo único preocupante, sino que, como consecuencia del rescate, el Estado español soporta un alto nivel de deuda pública indirecta y oculta con el sector bancario que se podría transformar en directa en el momento en el que las entidades financieras se hundan. Más concretamente, el Estado ha asumido deuda indirecta al ayudar y avalar a las entidades (los créditos fiscales, los préstamos del Banco Central Europeo a entidades bancarias, los avales del Estado a la emisión deuda bancaria y a la deuda sénior emitida por SAREB) por valor de 166.368 millones de euros y una deuda oculta (el aval implícito del Estado a los depósitos bancarios, las garantías ofrecidas por el FROB en procesos de privatización o los esquemas de protección de activos) por valor de 1.069.941 millones de euros.

2.8.1. PRINCIPALES INSTRUMENTOS DE LA DEUDA PÚBLICA

- LETRAS: Son valores de renta fija a corto plazo (3-6-9 y 12 meses), se emiten a través de subastas. Generalmente, las Letras a 3 y 9 meses se subastan el cuarto martes de cada mes y las Letras a 6 y 12 meses se subastan generalmente el tercer martes de cada mes.

Se emiten al descuento por lo que el precio de compra será inferior al valor nominal, salvo en el caso de rentabilidades negativas. Su valor nominal es de 1.000 € por título. En caso de invertir una cantidad mayor, siempre ha de ser en múltiplos de 1.000 euros.

La rentabilidad obtenida por las Letras al final del periodo es la diferencia entre lo que se paga por ellas y lo que nos devuelven a fecha de vencimiento, que es el nominal solicitado, en este caso los 1.000 €.

- BONOS Y OBLIGACIONES: Son valores de renta fija a medio y largo plazo, se emiten a través de subastas. Los bonos y las obligaciones tienen las mismas características y funcionan igual, la única diferencia son los plazos. Al igual que las letras, su valor nominal es de 1.000 € por título.

BONOS: a 2, 3 y 5 años, se subastan generalmente el primer jueves de cada mes. OBLIGACIONES: a 10, 15 y 30 años, se subastan generalmente el tercer jueves de cada mes

De una misma emisión de Bonos u Obligaciones, se pueden realizar varios tramos, todos los tramos tienen las mismas condiciones en cuanto a:

- Misma fecha de pago de cupón.

- Mismo cupón (interés anual, aplicado al valor nominal).

- Misma fecha de vencimiento.

Estos datos se conocen antes de la celebración de la subasta ya que son publicados en el BOE y se anuncian en la web www.tesoro.es, apartado de Deuda Pública, sección de Noticias el viernes anterior a la subasta Bonos y Obligaciones, se subastarán generalmente el primer y tercer jueves de cada mes.

En el caso de los bonos y obligaciones el precio real del valor, puede estar por encima, por debajo o a la par del nominal (1.000 € por título), esto puede depender de:

- La cercanía o lejanía del pago del cupón (interés sobre el nominal).

- El interés del mercado secundario en el momento de realizar la compra.

Por ello Tesoro solicita un depósito previo, este depósito se aplica sobre el nominal a invertir y se tiene que tener en cuenta al realizar la suscripción.

3. RESUMEN

Hemos visto las principales variables macroeconómicas que pueden ayudarnos a interpretar como se encuentra la economía de un país en un momento concreto en el tiempo.

Este proceso es muy importante de cara a interpretar los valores de cualquier inversión: personal o empresarial, entendiendo que se ven afectadas por el ritmo que en ese momento esté marcando la economía nacional en donde dichas inversiones conviven.

www.ingramcontent.com/pod-product-compliance
Lightning Source LLC
Chambersburg PA
CBHW031601210526
45464CB00003B/1377